은근히 이상하고
놀라운 동물

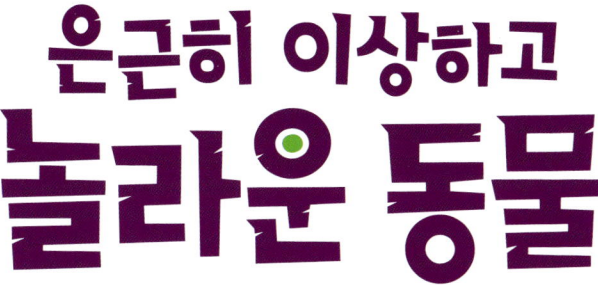

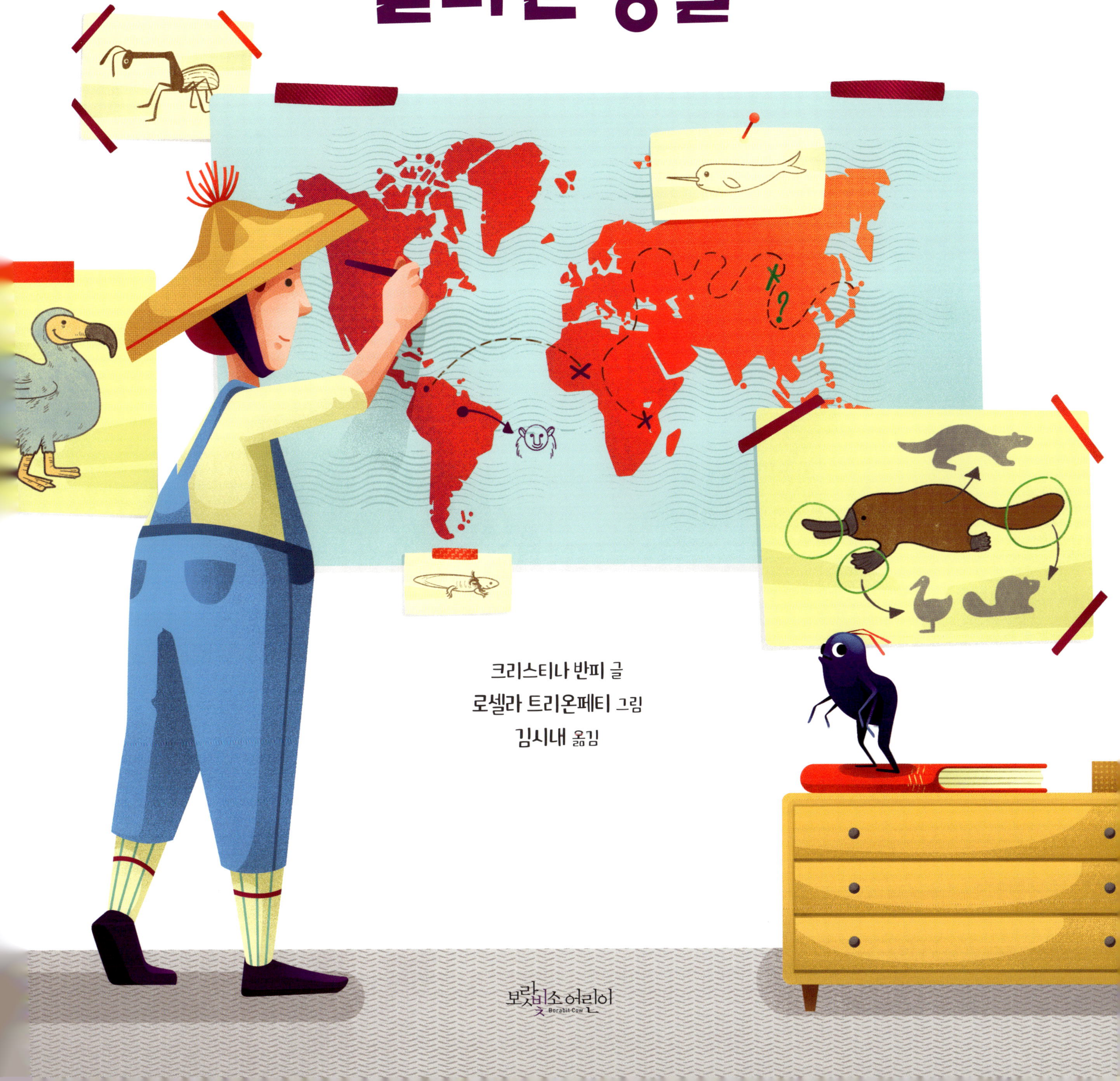

크리스티나 반피 글
로셀라 트리온페티 그림
김시내 옮김

보랏빛소 어린이
Borabit Cow

차례

들어가며 4	뱀잡이수리 18
덤보문어 6	넓적부리황새 19
흡혈오징어 7	판다개미 20
아홀로틀 8	꿀단지개미 21
오카피 10	듀공 22
사이가영양 11	바실리스크이구아나 24
가비알 12	도깨비도마뱀 26
기린바구미 14	목도리도마뱀 27
자루눈파리 14	설인게 28
자이언트페루비언바구미 15	광대사마귀새우 29
일각돌고래 16	나뭇잎해룡 30
	코주부원숭이 32

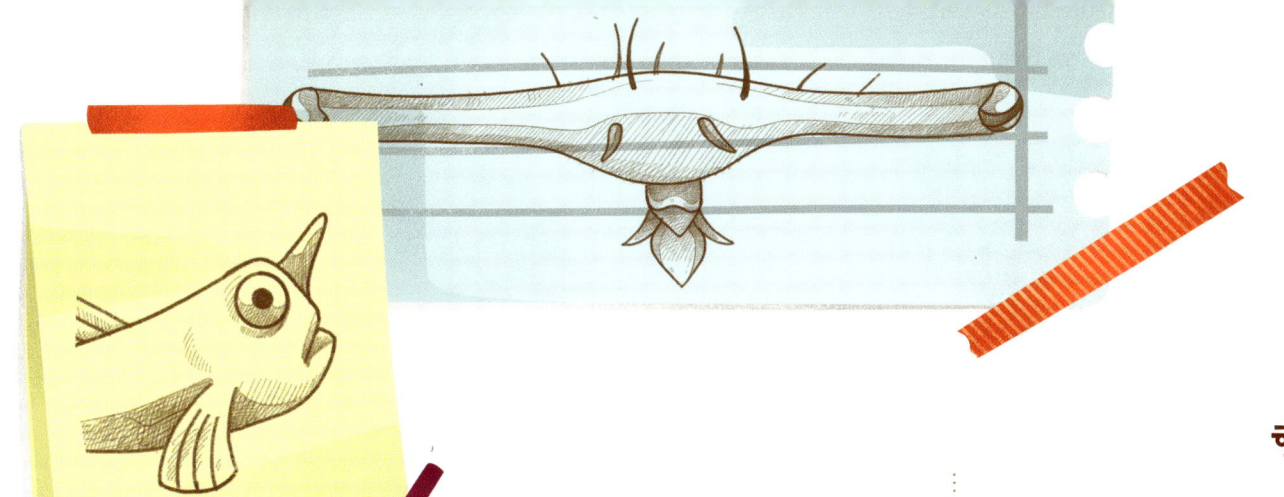

대머리우아카리 33
날도마뱀 34
아르마딜로 36
천산갑 37
큰개미핥기 38
별코두더지 40
푸른갯민숭달팽이 42
오리너구리 44
곱사등아귀 46
로랜드줄무늬텐렉 48
큰귀뛰는쥐 49
붉은입술부치 50
복어 52

가시복 53
항라사마귀 54
사탄잎꼬리도마뱀붙이 56
해골박각시나방 57
로지메이플나방 58
마타마타거북 60
호아친 62

들어가며

제 비밀 노트를 펼친 여러분, 환영해요!

우선, 제 소개를 할게요. 저는 꼬마 자연 과학자예요. 전 세계를 돌아다니며 이 세상의 수많은 생명체 가운데 놀랍고도 새로운 친구를 찾아내면 이 노트에 꼭 적어 두지요.

여러분도 저처럼 자연을 사랑한다면, 아마 많은 동물의 이름이며 행동, 생김새까지 줄줄 꿰고 있을 거예요. 그러나 이 노트에 등장할 새로운 친구들을 만나게 된다면 아마 깜짝 놀랄걸요! 여러분은 한 번도 보지 못했던 신기하고 놀라운 생명체들로 가득할 테니까요.

생김새가 웃긴 친구, 특이한 친구, 무시무시한 친구 등 다양하지요. 대체 왜 그런 이상한 모습을 하고 있는지, 그런 모습으로 어떻게 이 세상을 살아가는지 무척 궁금할 거예요!

상상 이상으로 아름답고 신기한 생명체들은 볼수록 빠져드는 매력이 있어요. 하지만 가끔은 눈살 찌푸릴 정도로 무섭거나 오싹한 느낌이 들 수도 있으니, 마음 단단히 먹으라고요!

그래도 과학자의 눈으로 하나하나 들여다보면, 낯선 동물들의 독특한 특성을 점점 더 흥미롭게 알아가게 될 거예요.

마지막으로, 저의 비밀 노트를 다 보고 나면, 여러분이 평소에 만나 본 동물 친구들을 노트에 적으며 여러분만의 노트를 만들어 보아요. 그럼 분명 동물들의 작은 부분까지 들여다보게 되고, 더 많은 질문을 떠올릴 수 있게 될 거예요. 생각보다 우리 주위에 별난 생명체가 많다는 걸 깨닫고 깜짝 놀랄지도 모르지요!

자, 이제 제가 간직했던 친구들을 여러분에게도 소개해 줄게요!

덤보문어

통통한 얼굴, 작지만 다부진 촉수, 커다란 눈을 지닌 이 문어는
'**세계에서 가장 귀여운 문어**'라는 말이 아주 잘 어울려요.

디즈니 캐릭터 '덤보'의 귀처럼 커다랗게 펄럭이는 것은 사실 귀가 아닌 지느러미예요. 이 **지느러미**로 덤보문어는 최대 7,000미터 깊이의 깊은 바닷속까지 헤엄칠 수 있어요.

촉수 안쪽 빨판

덤보문어는 벌레, 갑각류, 연체동물을 먹어요.

학명 : 그림포테우티스 바티넥테스
(Grimpoteuthis bathynectes)
식성 : 육식
길이 : 약 30센티미터
서식지 : 심해
수명 : 확실하지 않음

흡혈오징어

무서운 이름과 달리 송곳니도 없고 피를 빨지도 않아요. 그저 **오징어**예요!

흡혈오징어는 위협을 느끼면 이렇게 변해요!

학명 : 뱀피로테우티스 인페르날리스
(Vampyroteuthis infernalis)
식성 : 육식
길이 : 약 30센티미터
서식지 : 심해
수명 : 확실하지 않음

흡혈오징어의 긴 촉수는 망토처럼 나풀거리고, 피부는 검붉으며 보라색과 검은색 줄무늬가 있어요. 하얀 입은 부리 같고, 붉은 눈은 움푹 들어갔답니다. **악몽에나 나올 것 같지요!**

사실, 흡혈오징어는 소심하고 느릿느릿하답니다.

흡혈오징어는 캄캄한 곳에 살면서 스스로 빛을 내요. 온몸에 발광 기관이 있거든요. **위험할 땐 순식간에 번쩍이는 빛을 내서 천적을 쫓지요!**

촉수 안쪽의 모습

아홀로틀

아홀로틀은 멕시코 **도롱뇽**의 일종이자, '우파루파'로 많이 알려진 동물이에요. 다 자라도 등지느러미, 아가미와 같은 **올챙이 때** 모습을 거의 잃지 않는데, 이는 평생 물밖에 나가지 않기 때문이에요.

야생 아홀로틀은 멕시코 몇몇 호수에만 살고 멸종 '위급' 동물이에요.

아홀로틀은 개체마다 몸 색깔이 다양해요. 여기서는 분홍색과 회색 아홀로틀을 소개할게요.

아홀로틀은 소시지처럼 생긴 몸에 항상 **웃는 듯한** 얼굴을 하고 있어요.

눈꺼풀이 없어서 초롱초롱한 까만 눈을 깜박이는 일도 없지요. 머리 주위로 돋아난 **분홍 털**처럼 생긴 부위는 숨 쉴 때 필요한 **아가미**로, 머리 밖으로 나와 있어요.

- 학명 : 암비스토마 멕시카눔 (Ambystoma mexicanum)
- 식성 : 육식
- 길이 : 최대 30센티미터
- 무게 : 약 200그램
- 서식지 : 멕시코 소치밀코 호수 등
- 수명 : 약 15년

아홀로틀은 다쳐도 **스스로 치료**할 수 있어요. 상처가 나도 빨리 아물고, 다리를 잃어도 새 다리가 금방 **자라나요**. 폐, 척수, 심지어 **뇌** 일부분까지도 다시 생긴답니다!

분홍 털은 외부 아가미예요.

오카피

중앙아프리카 우림 한가운데에는 조심성 많은 포유류 오카피가 살고 있어요.

다리에 난 검은색과 흰색 줄무늬를 보면 **얼룩말**인가 싶겠지만, 사실 **기린**의 친척 중 이 세상에 유일하게 살아남은 종이지요.

학명 : 오카피아 존스토니 (Okapia johnstoni)
식성 : 초식
키 : 어깨까지 약 1.5미터
길이 : 약 2.5미터
무게 : 약 350킬로그램
서식지 : 아프리카 열대우림
수명 : 약 30년

오카피의 **목**은 짧지만, **귀**는 길게 쭉 뻗어 있고 따로따로 움직일 수 있어요. 그래서 여기저기서 다가오는 소리를 들을 수 있답니다.

그런데 왜 얼룩말 같은 **줄무늬가 있을까요?** 나무 사이로 햇볕이 들고 그늘이 어른거리는 숲에서 **위장**할 때 도움이 되거든요.

거무스름한 혀는 아주 길어서 눈과 귀를 깨끗이 단장할 수 있어요!

사이가영양

학명 : 사이가 타타리카
 (Saiga tatarica)
식성 : 초식
길이 : 약 1.2미터
무게 : 약 38킬로그램
서식지 : 스텝(온대 초원)
수명 : 약 10년

사이가영양은 툭 불거진 코가 특징적인 동물이에요. 긴 콧등은 커다랗게 부푼 모양이고, 콧구멍은 아래로 나 있지요.

여름에 새로운 보금자리를 찾아 떠나면서 발굽으로 흙먼지를 일으킬 때, 사이가영양의 긴 코가 먼지를 걸러내 **깨끗한** 공기를 들이쉴 수 있어요. 겨울이 되면, 찬 공기를 콧속에서 **따듯하게** 데워 폐까지 운반한답니다.

사이가영양은 긴 코를 이용해 냄새를 잘 맡고, 콧속에서 소리를 울려 **울음소리**를 멀리까지 크게 낼 수도 있어요.

가비알

학명 : 가비알리스 간게티쿠스
(Gavialis gangeticus)
식성 : 육식
길이 : 6미터 이상
무게 : 약 250킬로그램
서식지 : 유속이 빠른 강의 기슭
수명 : 40~60년

인도의 강 근처에 가면, 희한하게 생긴 악어를 만날지도 몰라요. **가비알**이라고 하는 이 악어는 아프리카의 다른 악어 종과 달리, 길고도 비좁은 주둥이를 가지고 있어요.

다른 악어 종인 카이만 악어와 크로커다일 악어의 머리는 이렇게 생겼어요. 서로 친척이지만, 별로 안 닮았지요!

카이만 악어

크로커다일 악어

좁디좁은 입속에는 작지만 뾰족한 이빨이 100개쯤 있답니다. 이 이빨로 물고기를 촘촘히 낚을 수 있어요.

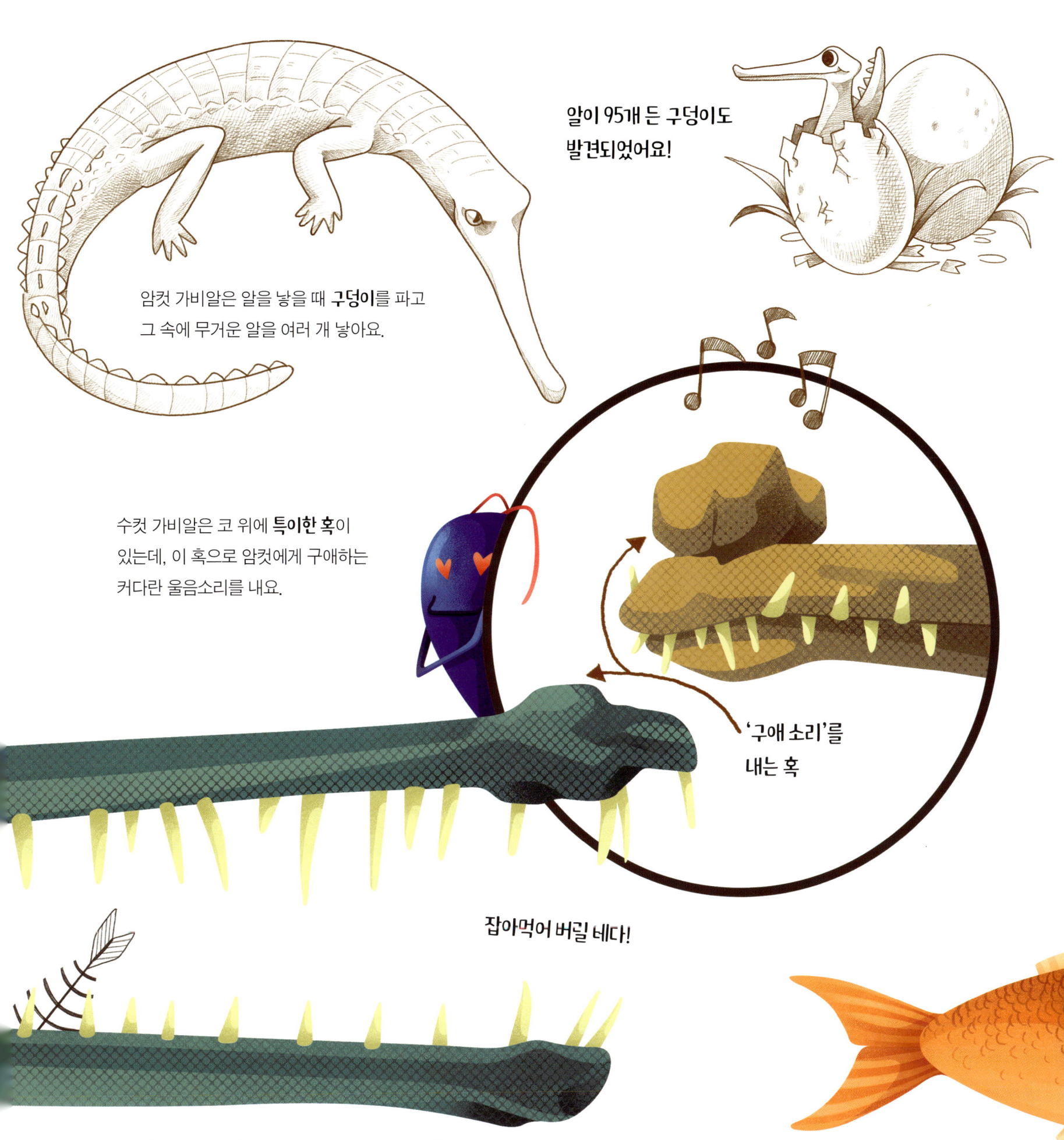

암컷 가비알은 알을 낳을 때 **구덩이**를 파고 그 속에 무거운 알을 여러 개 낳아요.

알이 95개 든 구덩이도 발견되었어요!

수컷 가비알은 코 위에 **특이한 혹**이 있는데, 이 혹으로 암컷에게 구애하는 커다란 울음소리를 내요.

'구애 소리'를 내는 혹

잡아먹어 버릴 테다!

이빨이 아주 많지는 않지만… 꽤나 뾰족해요!

기린바구미

마다가스카르 숲속 덤불에는 기린처럼 생긴 딱정벌레가 살고 있어요. 기린바구미라는 이 친구는 등껍질은 빨갛고 나머지 부위는 검은빛을 띠어요. 특히, 몸길이가 최대 2.5센티미터에 이를 정도로 작은 데 비해 **목**의 길이는 무척 길어요.

수컷의 목은 암컷보다 세배 더 길어요!

학명 : 트라켈로포루스 기라파
(Trachelophorus giraffa)
식성 : 초식
키 : 약 2.5센티미터
서식지 : 우림
수명 : 확실하지 않음

왜 이렇게 목이 길까요?
암컷 사이에서 인기를 끌고, 다른 수컷과 싸울 때 무기처럼 쓸 수 있기 때문이에요.
번식을 할 때도 기다란 목을 한껏 이용해요. 살고 있던 나무에 난 **잎사귀**를 목으로 돌돌 말 수 있거든요. 그러면 암컷이 와서 이 잎사귀에 **알**을 딱 하나 낳는답니다.

자루눈파리

학명 : 플라기오케팔루스 라티프론스
(Plagiocephalus latifrons)
식성 : 육식
길이 : 5~8밀리미터
서식지 : 숲
수명 : 확실하지 않음

이 파리 친구는 공상 과학 영화에 나올 것 같은 생김새를 하고 있어요. **눈** 사이가 너무 멀어서 날 수도 없을 것처럼 보이지요.

자이언트페루비언바구미 ★

★ 영문명 'Giant Peruvian Weevil'을 국립국어원 외래어 표기법에 따라 표기했습니다.

이 바구미는 긴 주둥이를 자랑스레 뽐내는 곤충 친구예요. 귀엽게 생겼지만, **먹을 걸 너무 밝히는** 탓에 농부들의 미움을 사곤 하지요. 대나무며 사탕수수까지 전부 먹어 치울 수 있답니다!

아무리 무성한 풀도 '**부리**'라고도 하는 주둥이 끝부분으로 다 갉을 수 있지요.

학명 : 리나스투스 라테스테르누스
(Rhinastus latesternus)

식성 : 초식
길이 : 최대 3센티미터
서식지 : 숲
수명 : 확실하지 않음

자이언트페루비언바구미의 발은 작지 않아요. 사실, 별명을 붙이자면 '왕발'이랍니다!

수컷 자루눈파리만 두 눈 사이가 먼데, 심하면 눈 사이의 길이가 몸길이의 다섯 배나 될 정도예요!

짝짓기 철이 되면 수컷끼리 눈 사이의 길이가 누가 더 긴지 겨루어요. 그 길이가 더 길수록 암컷에게 인기가 많답니다!

15

일각돌고래

북극권의 차디찬 물속에는 다양한 **고래**들이 살고 있어요. 그중 일각돌고래는 둥근 머리에 기다란 **뿔**이 삐죽 튀어나온 모습으로 여럿이 무리 지어 다녀요. 옛날 옛적 선원들은 일각돌고래를 '**바다의 유니콘**'이라고 불렀대요.

일각돌고래의 뿔처럼 생긴 것은 사실 나선형으로 자라난 이빨이며, 수컷에게만 있어요. 왜 그럴까요?

암컷을 유혹하거나 수온을 감지하기 위해서 등 이유가 있을 것으로 추정돼요. **2.5미터**에 이르는 이빨을 머리에 달고 헤엄치는 건 분명 쉽지 않을 테니까요.

수컷
암컷

학명 : 모노돈 모노케로스(Monodon monoceros)
식성 : 육식
길이 : 약 5미터
무게 : 약 1,500킬로그램(1.5톤)
서식지 : 북극해
수명 : 30~40년

일각돌고래는 하루에 오징어, 새우, 물고기 등을 **30킬로그램** 정도 먹어요. **이빨**이 **두 개**뿐이지만, 수컷은 그중 하나가 입 밖으로 튀어나와 있어서 먹잇감을 진공청소기처럼 빨아들인답니다.

뱀잡이수리

학명 : 사기타리우스 세르펜타리우스
(Sagittarius serpentarius)
식성 : 육식
키 : 약 1.5미터
날개 길이 : 2미터 이상
무게 : 약 5킬로그램
서식지 : 아프리카 초원, 사바나
수명 : 약 15년

아프리카 사바나에는 **독수리**처럼 생겼지만, **황새** 같은 기다란 다리가 있고 머리 뒤에 검은 깃털이 자란 뱀잡이수리가 살고 있어요.

뱀잡이수리는 천적인 **뱀**을 상대할 때 날개를 방패 삼아 공격을 막으면서 빠르게 발길질하며 싸워요. 그리고 항상 승리를 거머쥐지요.

사냥할 때는 맹금류 가운데 가장 기다란 다리를 사용해요. 하늘에서 먹잇감을 내려다보다 순식간에 덮치는 게 아니라, 땅에서 먹잇감을 무자비하게 발길질하고 짓밟아 붙잡지요.

양서류, 설치류, 작은 포유류를 잡아먹어요.

넙적부리황새

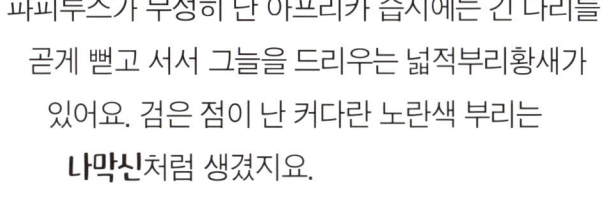

파피루스가 무성히 난 아프리카 습지에는 긴 다리를 곧게 뻗고 서서 그늘을 드리우는 넙적부리황새가 있어요. 검은 점이 난 커다란 노란색 부리는 **나막신**처럼 생겼지요.

**무시무시하게 생겼어도
사실 정말 소심해요.**

물가에서 먹이를 구하는 **섭금류**이고, 큰 머리와 독특한 부리가 특징이에요. 부리 길이는 **20센티미터**에 이르며, 부리 끝은 **갈고리**처럼 날카롭게 휘어 물고기를 잡기 좋답니다.

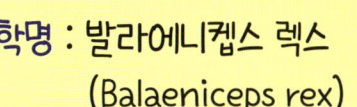

학명 : 발라에니켑스 렉스
(Balaeniceps rex)
식성 : 육식
키 : 약 1.5미터
날개 길이 : 약 2.6미터
무게 : 약 7킬로그램
서식지 : 중앙아프리카 습지
수명 : 약 35년

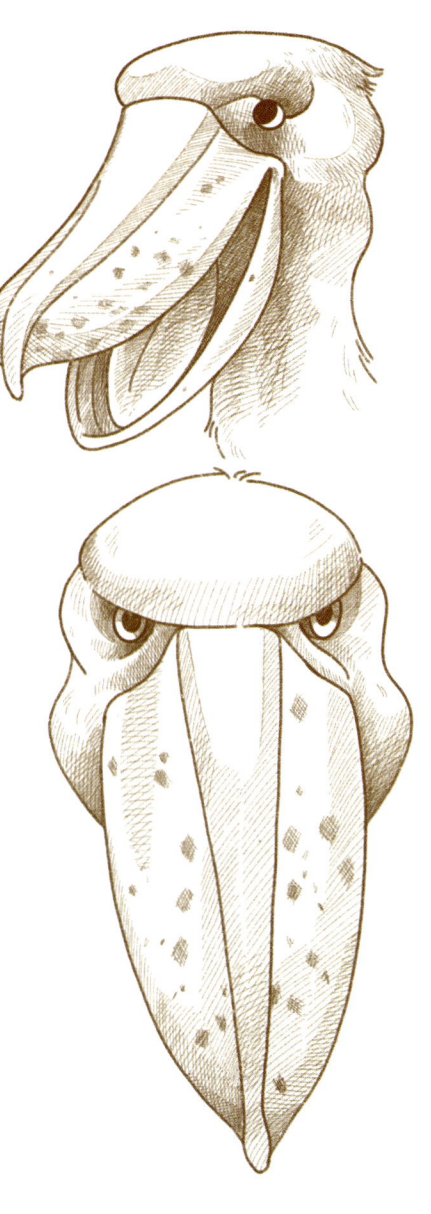

주로 **밤**에 사냥하는 넙적부리황새는 얕은 물에 부리를 박은 채 **어류, 개구리, 작은 악어** 등 사냥감을 몰아서 잡아 먹어요.

판다개미

판다개미는 털이 숭숭 난 모습에 '**벨벳개미**'로도 불려요. 몸에 흰색과 검은색 반점이 있어서 마치 **판다**처럼 보이지요!

학명 : 에우스피놀리아 밀리타리스 (Euspinolia militaris)
식성 : 육식(유충일 때), 꽃꿀(성충일 때)
길이 : 약 8밀리미터
서식지 : 온대 기후 지역
수명 : 약 2년

귀여워 보이는 겉모습과는 달리, 판다개미는 매서운 **침**을 갖고 있어요. 독을 품고 있는 건 암컷뿐이지만요. 사실, 판다개미는 개미가 아닌 **말벌**이에요. 몸의 강렬한 무늬는 천적들을 향한 경고의 의미지요.

암컷은 날개가 없어요. 그래서 땅에 보금자리를 마련한 다른 곤충의 유충 옆에 알을 낳아요. 그리고 그 유충을 자기 새끼의 먹잇감으로 삼지요.

기생충이 따로 없죠!

꿀단지개미

많은 곤충이 보금자리에 식량을 저장해요. 반면에 **꿀단지개미**는 자기 몸을 **살아 있는 저장고** 삼아 뱃속에 식량을 보관해 두었다가, 필요할 때 다시 꺼낼 수 있어요. 어린 꿀단지개미 중 일부는 배불뚝이가 될 때까지 먹이를 먹어요.

꿀단지개미는 일개미들이 와서 때가 되었다고 더듬이를 톡톡 치면, 저장하고 있던 액체를 토해 내 다른 개미들에게 전해 준답니다.

더듬이

배

학명 : 캄포노투스 인플라투스
(Camponotus inflatus)
식성 : 초식
길이 : 최대 15밀리미터
서식지 : 사막
수명 : 확실하지 않음

듀공

따뜻한 **홍해**에는 커다랗고 걱정이라곤 없어 보이는 듀공이 헤엄치고 있어요.

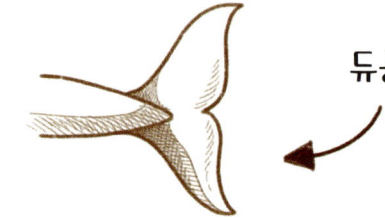
듀공

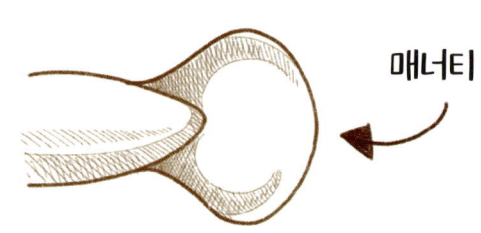
매너티

듀공은 느릿느릿 움직이며 진공청소기처럼 해초를 뜯어 먹어요. 소처럼 풀을 먹는다고 하여 '**바다소**' 종류에 속하는데, '매너티'도 바다소에 속하는 동물이에요.

마치 뚱뚱한 물개 같지요.

커다란 윗입술로 해초를 뜯어 먹는데, 해저에 한 번 잠수할 때마다 수 분간 숨을 참아요.

소화하는 동안 뱃속에 한가득 생기는 **가스** 덕에 몸이 두둥실 떠오른답니다.

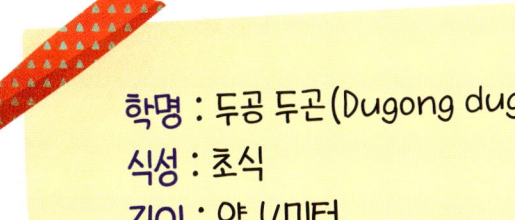

학명 : 두공 두곤(Dugong dugon)
식성 : 초식
길이 : 약 4미터
무게 : 약 900킬로그램
서식지 : 아프리카와 호주 연안의 따뜻한 바다
수명 : 약 70년

수컷들은 암컷한테 잘 보이려고 서로 사납게 밀치며 다퉈요.

바실리스크이구아나

바실리스크이구아나는 '**예수도마뱀**'이라고도 해요. 마치 **기적**처럼 물 위를 뛰어다닐 수 있거든요!

암컷은 볏이 없어요.

그 비결은 뒷다리의 긴 발가락 사이사이에 있는 넓은 피부 **막**이랍니다. 평상시 땅에서 걸을 땐 이 막을 접고 다니지만, 위급 상황에서 물을 건너야 할 때 막을 펼치며 뛰어가요. 이때 발가락 사이의 막이 물 위에 닿는 표면적을 넓히는 한편, 빠른 걸음을 통해 발바닥 아래에 **작은 공기 방울**을 만들며 물에 대한 저항을 높여요. 그 덕분에 물 위를 뛸 수 있는 거예요.

참 쉽죠?

팔에 끼는 튜브

활짝 편 비늘

학명 : 바실리스쿠스 플루미프론스
(Basiliscus plumifrons)
식성 : 잡식
길이 : 약 75센티미터
서식지 : 열대 숲
수명 : 약 10년

가장 작은 친구라도 물 위를 10~20미터 달릴 수 있어요.
이때 달리는 속도는 최대 시속 10킬로미터지요.

균형을 잡을 땐 꼬리가 중요해요. 달릴 때 꼬리를 완전히 수평으로 유지해야 한답니다.

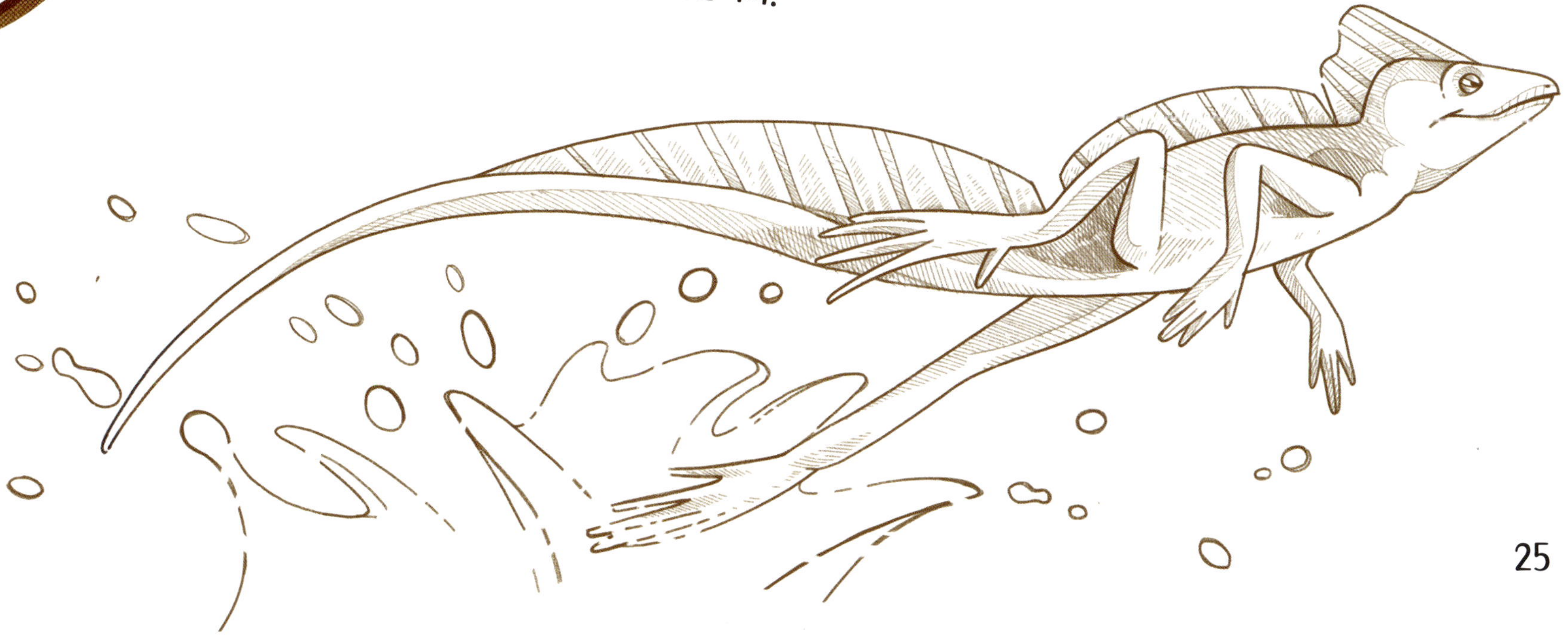

도깨비도마뱀

건조한 사막에서 이 도마뱀을 발견하기란 몹시 어려워요. 황금빛 점이 박힌 메마르고 가시 돋친 모습이 마치 **자그마한 나뭇가지**처럼 보이거든요. 자세히 들여다보면, 조그맣고 까만 눈으로 세상을 바라보는 공룡을 닮은 작은 **도마뱀**인데 말이에요.

학명 : 몰로크 호리두스 (Moloch horridus)
식성 : 곤충류
길이 : 약 18센티미터
서식지 : 사막
수명 : 6~20년

기존에는 온몸의 가시가 천적의 공격으로부터 몸을 보호하기 위한 것으로 여겨졌지만, 오늘날에는 새로운 사실이 밝혀졌어요. 기온이 급격히 떨어지는 새벽에 가시마다 **이슬**이 맺히면 그 수분을 몸에 공급할 수 있다는 사실이지요!

도깨비도마뱀은 기온에 따라 피부색을 바꿔요. 이른 아침에는 황갈색이나 갈색이지만, 오후에 접어들어 더워지면 노란색으로 변하지요.

목도리도마뱀

도마뱀인 줄 알고 가까이 다가갔더니 갑자기 얼굴 주위로 무언가 커다랗게 펼친다면, 깜짝 놀라고 무서워 도망치고 싶을 거예요. 그러나 이 친구는 괴물이 아니라 목도리도마뱀이랍니다.

학명 : 클라미도사우루스 킨기이 (Chlamydosaurus kingii)
식성 : 육식
길이 : 약 87센티미터
무게 : 약 700그램
서식지 : 호주 열대 숲
수명 : 약 10년

목도리도마뱀은 **위험**을 느낄 때 **입**을 크게 벌리고 **목** 주변의 피부 조직을 펼쳐요. 편안할 때는 **망토**처럼 축 늘어뜨리고요.

더 커다랗고 위협적으로 보이려는 간단한 **속임수**지요!

목둘레에 있는 피부는 활짝 폈을 때 지름이 농구공 하나보다도 더 커요!

설인게

하얀 털로 뒤덮여 설인 '예티'를 떠오르게 하는 설인게는 앞을 거의 볼 수 없어요. 호주 남쪽 어두운 해저에서 살면서, 해저 지하로부터 따뜻한 물이 솟아나는 구멍인 '열수구' 근처에서 지내지요.

학명 : 키와 틸레리(Kiwa tyleri)
식성 : 육식
길이 : 0.5~15센티미터
서식지 : 해저 열수구 근처
수명 : 확실하지 않음

설인게는 험한 환경 속에서도 먹이를 얻는 법을 알아냈어요. 자기 몸에서 키우는 것이죠!

가슴과 다리에 솟은 짧고 뻣뻣한 털에 박테리아를 길러 먹는답니다.

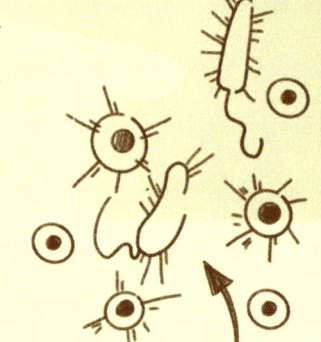

설인게는 보금자리를 무척 **깐깐하게** 골라요. 물이 펄펄 끓는 열수구와 너무 가까워도 안 되고, 그렇다고 너무 멀어도 안 되지요.

그래서 1제곱미터 안에 700마리나 되는 설인게들이 다닥다닥 붙은 채 지내는 모습이 발견되기도 해요!

광대사마귀새우

이 친구는 '기도하는 사마귀'라는 별명을 가진 항라사마귀와 닮아 이름에 '사마귀'를 달게 됐지만, 사실 '새우'이므로 곤충이 아닌 **갑각류**예요. **빨간색** 집게발, **파란색** 눈, **주황색** 더듬이, 줄무늬에 점까지 콕콕 박힌 **황록색** 몸통을 보면, 새우가 아니라 화가의 팔레트 같지요.

광대사마귀새우라는 이름은 유독 커다란 **집게발**에서 비롯되었어요. **항라사마귀**가 먹잇감을 움켜쥘 때의 다리 모양과 비슷하거든요.

살려 줘요!

큼직한 집게발로 조개 등 연체동물의 **껍데기를 깨부수고**, 물고기나 작은 동물을 꼬치처럼 꿰어 먹어요.

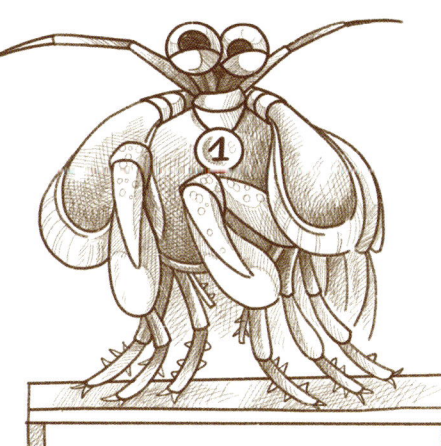

광대사마귀새우가 집게발을 날리는 속도는 최대 시속 80킬로미터예요. 세상에서 가장 빨리 공격을 하는 동물 중 하나지요!

가장 빠른 공격
챔피언

학명 : 오돈토닥틸루스 스킬라루스
　　　(Odontodactylus scyllarus)
식성 : 육식
길이 : 3~18센티미터
서식지 : 3~40미터 깊이의 따뜻한 해저
수명 : 4~6년

나뭇잎해룡

나뭇잎해룡이라는 **해마**는 해저의 **위장** 술사예요. 가슴과 등 주위에 있는 잎사귀 같은 작은 지느러미 덕분에 **해조류** 사이에 숨어들면 구별하기 어렵거든요. 한번 숨으면 천적에게 잡히는 일이 거의 없답니다.

파이프처럼 생긴 주둥이

암컷이 수컷 몸에 대고 알을 낳으면, 수컷이 부화할 때까지 품어 줘요.

학명 : 피코두루스 에쿠에스
 (Phycodurus eques)
식성 : 육식
길이 : 약 35센티미터
서식지 : 호주 온대 연안
수명 : 확실하지 않음

나뭇잎해룡은 자라면서 몸 색깔이 변해요.
초록색이었다가 다 자라면 황갈색이 되지요.

몸은 작지만, 이래 봬도
육식 동물이랍니다.

먹잇감을 발견하면 **파이프**처럼 생긴
이빨 없는 주둥이로 쏙쏙 빨아들여요.
갑각류, **플랑크톤**에 **작은 어류**까지도
먹고 살지요.

코주부원숭이

수컷 코주부원숭이는 눈보다 한참 아래까지 내려오는 **긴 코**를 지니고 있어요. 코가 길수록 암컷이 좋아하기 때문에 이 긴 코를 자랑스레 내보이지요.

학명 : 나살리스 라르바투스 (Nasalis larvatus)
식성 : 잡식
길이 : 수컷 약 75센티미터, 암컷 약 65센티미터
무게 : 수컷 약 23킬로그램, 암컷 약 12킬로그램
서식지 : 맹그로브 숲
수명 : 약 15년

길고 커다란 코 덕분에 **울음소리**를 우렁차게 낼 수도 있어요. 천적이 가까이 오면 아주 멀리까지 쩌렁쩌렁 울려 퍼지는 울음소리를 낸답니다.

코주부원숭이는 코뿐만 아니라 또 다른 특이한 신체 부위가 있어요. 발가락 사이에 헤엄을 잘 치도록 돕는 **물갈퀴**가 있지요!

갓 태어난 새끼 코주부원숭이는 얼굴이 선명한 파란색이에요.

하지만 석 달쯤 지나면 얼굴 색이 회색으로 변하고, 다 자라면 살구색이 된답니다.

대머리우아카리

울창한 숲속에서 **빨갛고** 작은 머리의 **대머리** 친구와 눈이 마주친다면, 아마 장난기 가득한 **숲속 요정**이라고 생각할지 몰라요. 그런데 요정은 동화 속에만 있잖아요? 사실, 이 동물은 대머리우아카리예요.

학명 : 카카자오 칼부스
(Cacajao calvus)
식성 : 잡식
길이 : 약 57센티미터
무게 : 2~3킬로그램
서식지 : 남미 열대 숲
수명 : 15~20년

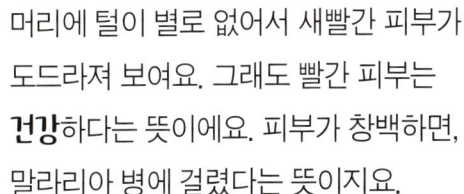

머리에 털이 별로 없어서 새빨간 피부가 도드라져 보여요. 그래도 빨간 피부는 **건강**하다는 뜻이에요. 피부가 창백하면, 말라리아 병에 걸렸다는 뜻이지요.

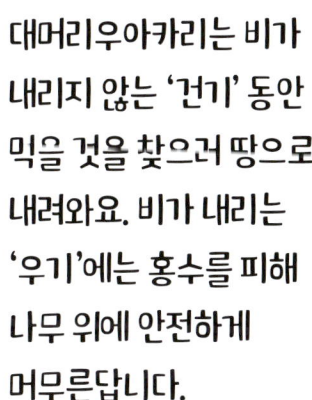

대머리우아카리는 비가 내리지 않는 '건기' 동안 먹을 것을 찾으러 땅으로 내려와요. 비가 내리는 '우기'에는 홍수를 피해 나무 위에 안전하게 머무른답니다.

날도마뱀

학명 : 드라코 볼란스(Draco volans)
식성 : 곤충류
길이 : 수컷 약 19.5센티미터, 암컷 약 21센티미터
서식지 : 아시아 열대 숲
수명 : 확실하지 않음

아시아 열대 지역에는 **날 수 있는** 작은 **도마뱀**이 있어요. 바로 날도마뱀이에요. 나무 위에서 허공을 향해 몸을 던져 발을 구르며 먼 거리를 미끄러지듯 떨어지지요.

수컷 날도마뱀은 보통 나무 두세 그루를 자신의 영역으로 삼아요. 그리고 온갖 경쟁자를 쫓으며 영역을 용맹하게 지켜 내지요.

이렇게 날 수 있는 비결은 **기다란 갈비뼈**와 그 사이에 있는 **날개 막**이에요. 위험을 느끼면, 갈비뼈가 열리고 날개 막이 펴져 날도마뱀이 날 수 있답니다. 날도마뱀은 곤충을 잡을 때도 비행 능력을 발휘해요.

날도마뱀의 갈비뼈

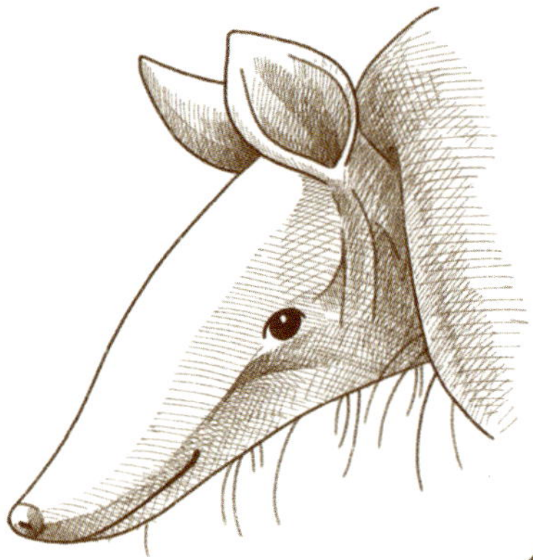

아르마딜로

아르마딜로는 **등껍질**이 몸 전체를 뒤덮고 있어요. 마치 중세 기사의 갑옷 같은 단단한 등껍질로 몸을 보호하지요. 등껍질 앞에는 길쭉한 주둥이가 있는 작은 머리가 있고, 뒤로는 **긴 꼬리**가 나와 있지요. 다리에는 **긴 발톱**이 있어서 땅을 깊이 팔 수 있어요.

비늘이 차곡차곡 겹쳐져 판을 이룬 단단한 등껍질 덕분에 아르마딜로는 몸을 쉽게 보호할 수 있어요.

학명 : 싱굴라타(Cingulata)
식성 : 곤충류
길이 : 몸통 10~100센티미터, 꼬리 최대 60센티미터
무게 : 1~45킬로그램
서식지 : 열대우림, 초원, 반사막
수명 : 5~20년

아르마딜로 하면 공처럼 몸을 둥글게 마는 모습이 떠오르겠지만, 사실 이렇게 몸을 말 수 있는 건 **브라질세띠아르마딜로**뿐이랍니다.

천산갑

천산갑은 '비늘개미핥기'라고도 하는데, 거기에는 다 이유가 있어요. 온몸을 **단단한 비늘**로 두른 채 날카로운 발톱으로 개미집을 파고, **굉장히 긴 혀**로 흰개미와 개미를 잡아먹거든요.

- 학명 : 마니다이(Manidae)
- 식성 : 곤충류
- 길이 : 몸통 최대 1미터, 꼬리 최대 80센티미터
- 무게 : 최대 35킬로그램
- 서식지 : 숲, 사바나
- 수명 : 약 10년

천산갑이 배를 보호해야 할 때는 몸을 똘똘 마는데, 도저히 뚫기 힘든 단단한 공처럼 변하지요.

배를 제외한 온몸에 돋은 비늘의 성분은 **케라틴**이에요. 인간의 머리카락과 손발톱을 구성하는 성분과 같지요.

천산갑은 천적 앞에서 무엇이든 베어 낼 듯 날카로운 비늘이 달린 꼬리를 휘두르며 몸을 보호해요.

만약 꼬리로도 어렵겠다 싶으면, 고약한 냄새를 풍기는 액체를 뿜는답니다!

큰개미핥기

개미핥기는 기다란 주둥이 속에 몸보다 **훨씬 긴 혀**를 넣어 놓을 공간이 있어요.

이렇게나 긴 혀를 **세상에서 손꼽을 정도로 빠르게 놀릴 수**도 있답니다. 큰개미핥기의 경우 혀를 1분에 150번 넘게 날름거리는 덕분에, 곤충에 물리거나 쏘이지 않으면서 곤충을 **빨아들일** 수 있지요.

- 학명 : 미르메코파가 트리닥틸라 (Myrmecophaga tridactyla)
- 식성 : 곤충류
- 길이 : 약 2.2미터
- 무게 : 약 40킬로그램
- 서식지 : 초원, 우림
- 수명 : 약 16년

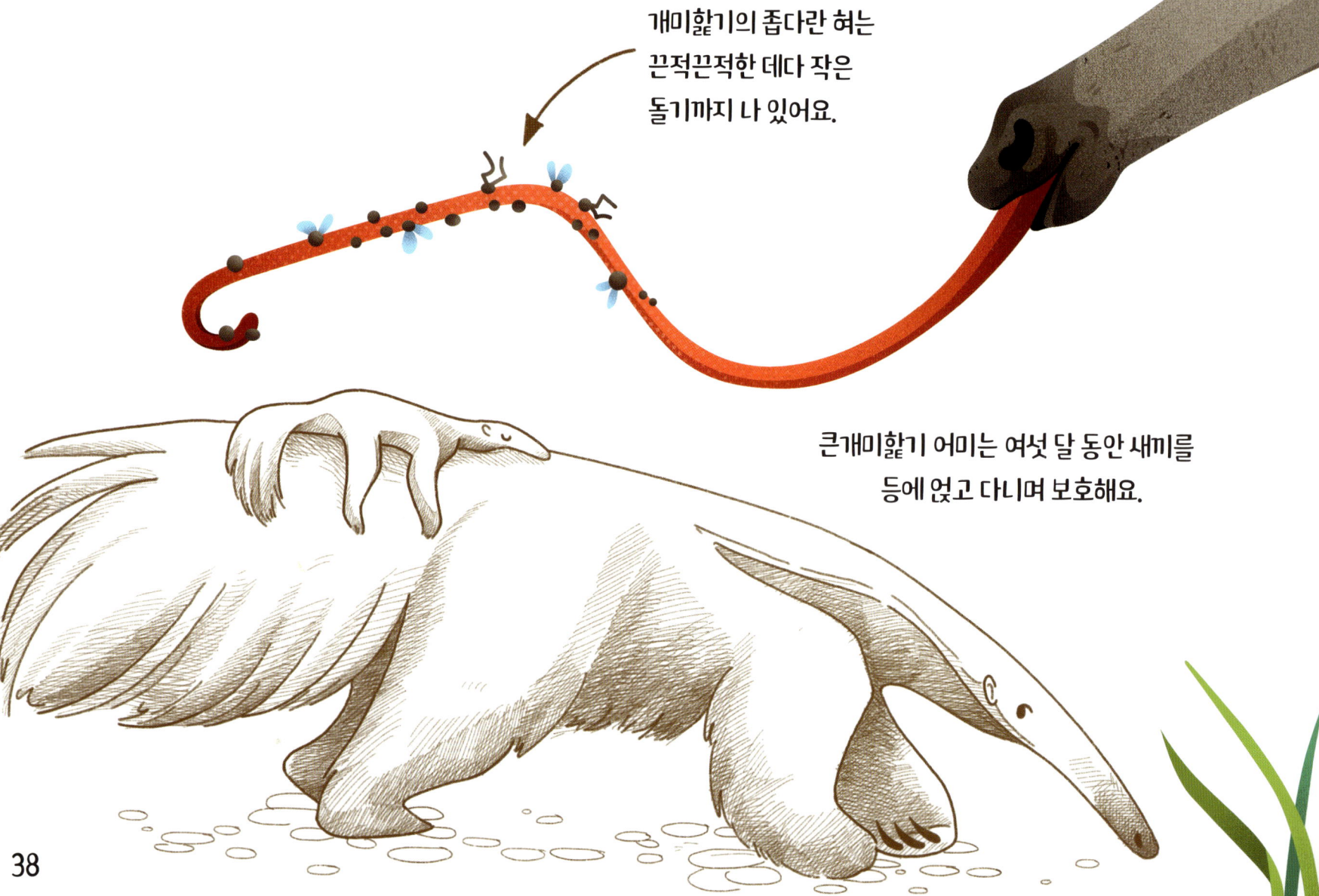

개미핥기의 좁다란 혀는 끈적끈적한 데다 작은 돌기까지 나 있어요.

큰개미핥기 어미는 여섯 달 동안 새끼를 등에 업고 다니며 보호해요.

좁고 **끈적끈적**한 데다가 작은 **돌기**가 있는 혀로 개미와 흰개미를 양껏 잡을 수 있어요. 하지만 이빨이 없어서 씹지는 못하지요. 그래서 잡은 개미들을 **입천장**에 짓이기며 삼킨답니다.

큰개미핥기는 혀를 입 안팎으로 1분에 150번 넘게 움직여요!

별코두더지

별코두더지를 실제로 처음 보면, 이런 생각이 들 거예요. **꿈이야, 생시야?**

코가 있어야 할 자리에 마치 작은 문어가 있는 것 같거든요!

이렇게나 별난 코는 눈이 거의 보이지 않는 별코두더지가 땅속에 있는 **먹잇감**을 찾도록 도와주는 훌륭한 도우미예요. 쉴 새 없이 움직이는 22개의 촉수로 이루어져 있어, 냄새를 맡을 때보다 탐색할 때 큰 역할을 하지요. 촉수를 이용해 **1초에 열두 군데**나 건드려 볼 수 있답니다.

학명 : 콘딜루라 크리스타타 (Condylura cristata)
식성 : 육식
길이 : 약 20센티미터
무게 : 약 50그램
서식지 : 숲, 습지, 습한 지역, 강기슭
수명 : 3~4년

최대 22개의 촉수로 이루어진 코는 시력이 거의 없는 별코두더지가 주변을 '탐지하도록' 도와요.

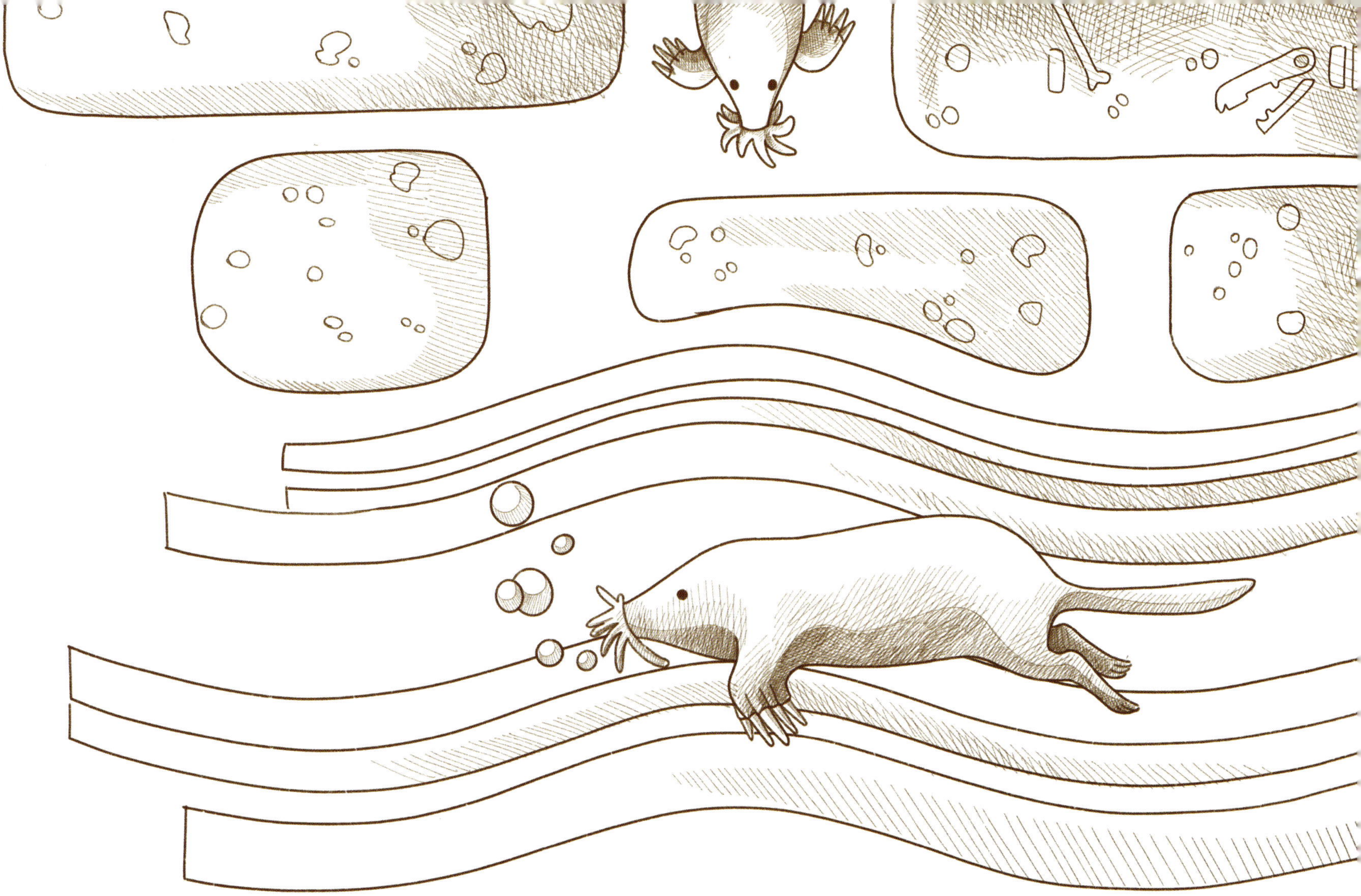

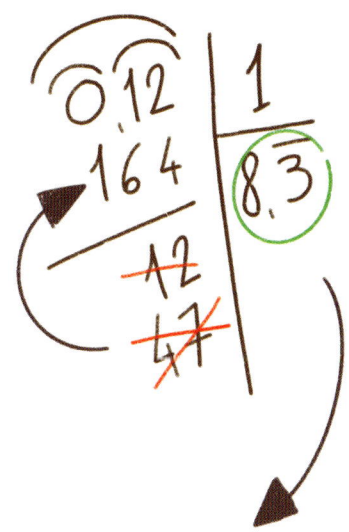

1초 안에는 정말 많은 먹이를 먹어 치우지요!

별코두더지는 '가장 빨리 먹는' 포유류로 유명해요. 눈앞에 있는 다른 생물을 먹을 수 있는지 없는지 빠르게 판단하고 먹잇감이라면 0.1초 만에 먹지요.

푸른갯민숭달팽이

푸른갯민숭달팽이가 헤엄치는 모습은 무척 멋져요. 짙은 파란색부터 연한 파란색, 흰색까지 어우러진 몸과 날개처럼 활짝 펼친 **여섯 개의 지느러미**를 보면, **바다 달팽이**인 이 친구에게서 자연의 경이로움을 느낄 수 있답니다.

학명 : 글라우쿠스 아틀란티쿠스
(Glaucus atlanticus)
식성 : 육식
길이 : 약 3센티미터
서식지 : 열대 바다
수명 : 확실하지 않음

몸속에 품고 있는 공기 방울 덕분에 둥둥 떠다니며 위쪽으로는 해저와 비슷한 **파란색** 면을 보여 주고, 아래로는 밝은 수면과 비슷한 **은회색** 면을 보여 줘서 위장해요.

그런데 푸른갯민숭달팽이는 매우 위험하니 조심해야 해요!

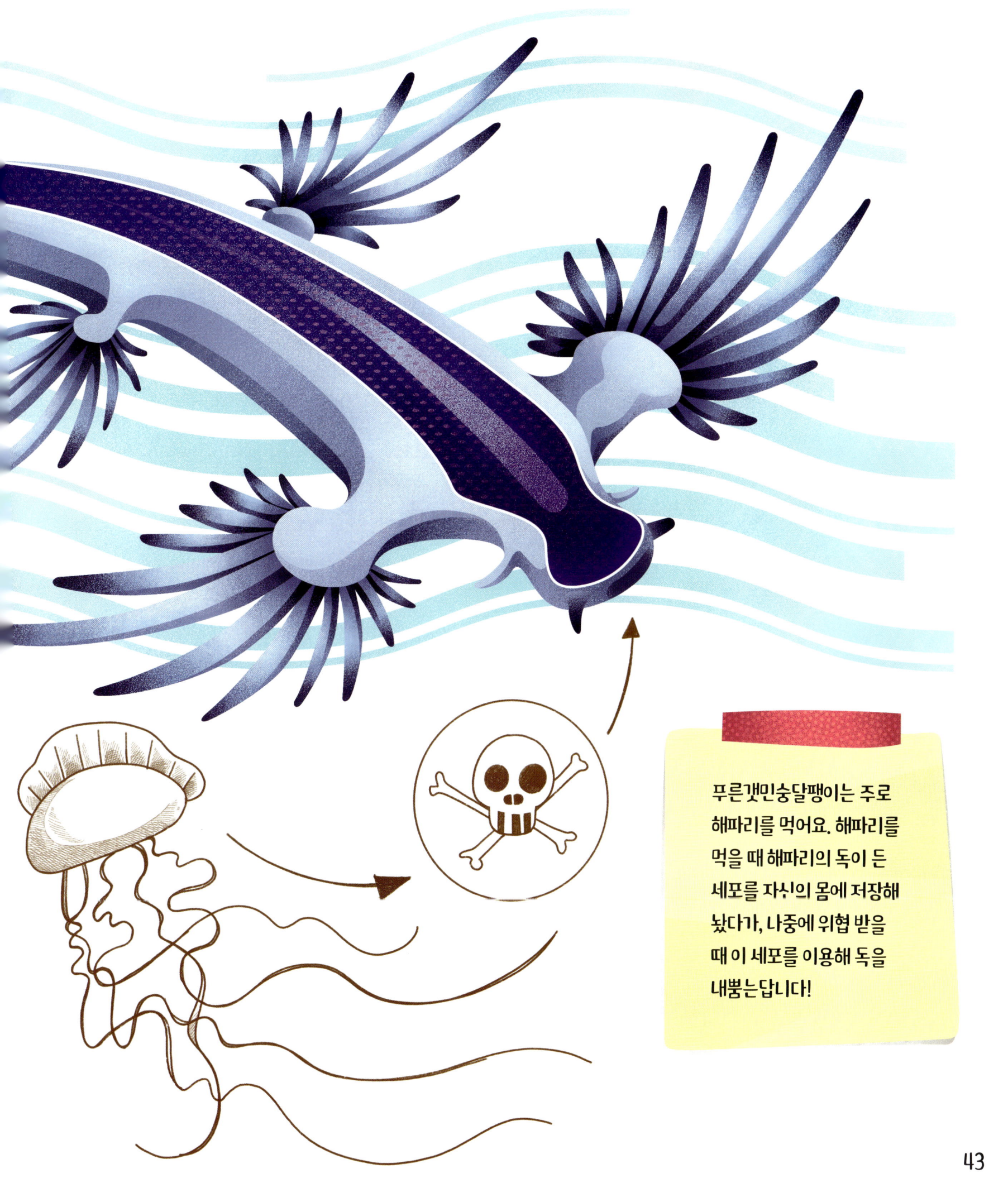

푸른갯민숭달팽이는 주로 해파리를 먹어요. 해파리를 먹을 때 해파리의 독이 든 세포를 자신의 몸에 저장해 놨다가, 나중에 위협 받을 때 이 세포를 이용해 독을 내뿜는답니다!

오리너구리

오리너구리는 온갖 동물을 합쳐 놓은 것처럼 생겼어요. 비버의 납작한 꼬리, 수달의 기다란 털북숭이 몸통, 새처럼 알을 낳는 습성을 지닌 포유류지요. 오리같이 생긴 부리와 물갈퀴도 있어요. 게다가 수컷은 뱀처럼 독을 만든답니다. 뒷발의 며느리발톱에 독샘이 있지요.

오리너구리는 부리로 강바닥을 헤집어 곤충, 갑각류, 벌레 등과 함께 돌과 흙도 빨아들여 입안 '볼 주머니'에 저장해요. 그다음, 저장한 것들을 입으로 옮겨 모조리 씹어 삼키지요.

뒷발에 난 물갈퀴 덕분에 헤엄도 잘 쳐요. 물 밖에 나오면 발가락 사이로 보이던 물갈퀴를 오므려 발톱을 드러내지요. 이 발톱으로 걷고, 굴도 파요.

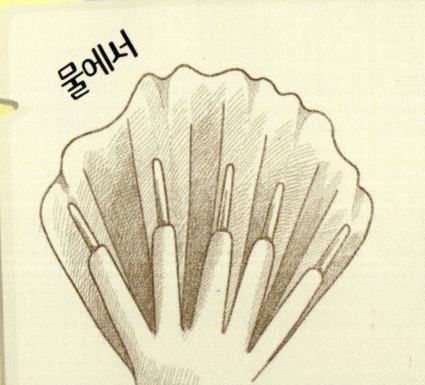

물에서 / 땅에서

오리너구리의 부리는 오리너구리가 물속에서 안전하게 움직이도록 도와요. 부리가 부드러우면서도 무척 민감해서 다른 모든 생명체에 흐르는 미세한 전기 자극을 금세 알아챌 수 있거든요.

학명 : 오르니토르힌쿠스 아나티누스
　　　(Ornithorhynchus anatinus)
식성 : 육식
길이 : 몸통 약 40센티미터, 꼬리 최대 15센티미터
무게 : 약 1.5킬로그램
서식지 : 습한 환경
수명 : 약 17년

곱사등아귀

★ 영문명 'Humpback anglerfish'를 그대로 번역해 표기했습니다.

몹시 **인상적인** 외모가 돋보이는 곱사등아귀는 지금까지 알려진 물고기 중 가장 강인해요. 약 4,000미터 수심의 깊고 어두컴컴한 심해에서 살아가지요.

꼭 바닷속의 좀비 같죠? 뾰족한 이빨이 빼곡히 들어찬 입은 위에서 떨어지는 것이라면 뭐든 잡아먹을 태세로 위쪽을 향해 쩍 벌어져 있어요.

제한적인 환경에서 살아남기 위해, 곱사등아귀는 모든 것을 집어삼킬 정도로 엄청나게 큰 **입**과 **위**를 가지고 있답니다.

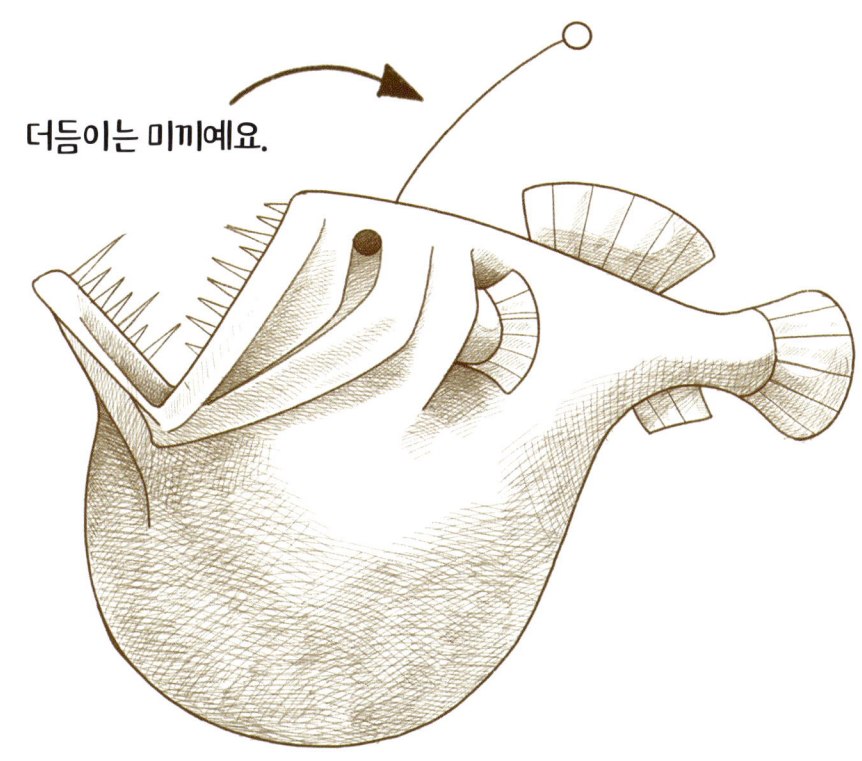

더듬이는 미끼예요.

암컷 곱사등아귀는 느릿느릿 흔들리는 **더듬이**가 등에 있어요.
더듬이 끝에는 생체 발광 현상으로 빛을 내는 **박테리아**가 가득해요.
먹잇감을 사로잡기 위한 **완벽한 미끼**랍니다.

수컷은 암컷보다 훨씬 작고 포식자도 아니에요.
짝이 될 암컷을 찾으면, 언제든 알을 수정할 준비를
하고 암컷 몸에 달라붙는답니다.

학명 : 멜라노케투스 존스니
　　　(Melanocetus johnsonii)
식성 : 육식
길이 : 암컷 약 18센티미터, 수컷 약 3센티미터
서식지 : 심해 평원
수명 : 확실하지 않음

로랜드줄무늬텐렉

학명 : 헤미켄테테스 세미스피노수스
(Hemicentetes semispinosus)
식성 : 곤충류
길이 : 약 16.5센티미터
무게 : 약 200그램
서식지 : 마다가스카르 우림
수명 : 약 2.5년

마다가스카르에는 단정한 구석이라고는 없이 **길고 뾰족한 코**를 가진 쥐, 로랜드줄무늬텐렉이 있어요. 이 쥐는 마른 잎사귀 사이를 샅샅이 뒤지며 사냥에 나서고 곤충과 지렁이를 게걸스럽게 먹어 치운답니다.

검은 바탕에 노란색 줄무늬가 난 몸통에는 옆면과 등을 따라 **가시**가 촘촘히 돋아 천적으로부터 몸을 보호할 수 있어요. 또한, 등에 난 가시를 문질러 **초음파 소리**를 내면서 서로 의사소통도 할 수 있답니다.

그 소리는 정말 강력해서, 로랜드줄무늬텐렉이 주로 시간을 보내는 **땅속**까지 전해질 정도예요! 땅속에 있는 굴 하나당 스무 마리 넘는 개체가 대가족을 이루며 살아가요.

큰귀뛰는쥐

사막 여기저기를 뛰어다니는 자그마한 캥거루처럼 보이지 않나요? 사실은 큰귀뛰는쥐예요. **밤**에 **곤충**을 찾아 이리저리 돌아다니는 작은 **설치류**지요.

사막에서 살기 때문에 먹잇감이나 천적을 파악하기 위해 아주 작은 소리라도 꼭 들어야 해요. 그래서 몸에 비해 큰 귀를 갖고 있답니다!

커다란 발바닥에는 **짧고 뻣뻣한 털**이 나 있어서 모래 속으로 가라앉지 않도록 해 줘요. 몸통보다 두 배 더 긴 **꼬리**는 뛰어오를 때 균형을 잡도록 돕지요.

귀 길이 : 약 4.5센티미터

귀가 커서 소리도 잘 들어요!

평상시 한 번에 **12센티미터** 높이까지 뛰어오른답니다.

발 길이 : 약 5센티미터

- **학명** : 에우코레우테스 나소 (Euchoreutes naso)
- **식성** : 곤충류
- **길이** : 몸통 8센티미터, 꼬리 16센티미터 이상
- **무게** : 약 38그램
- **서식지** : 중국과 몽골 사막
- **수명** : 약 2년

천적으로부터 도망칠 때는 한 번에 3미터 높이까지 뛰어오르며 시간당 20킬로미터가 넘는 빠른 속도로 뛰어가요.

붉은입술부치

붉은입술부치는 선명한 빨간색 **입술** 덕분에 눈에 확 띄어요. 하지만 튀는 겉모습과는 달리 얌전하고 잘 헤엄치지 않아요. 움직일 때 주로 가슴에 있는 지느러미로 **해저를 휘젓듯 다녀요**.

학명 : 오그코케팔루스 다르위니 (Ogcocephalus darwini)
식성 : 육식
길이 : 약 15센티미터
서식지 : 해저
수명 : 약 12년

등지느러미가 변형되어 긴 코처럼 튀어나와 있고, 큰 가슴지느러미도 있어요.

번식할 때가 되면, 붉은입술부치들은 깊고 어두운 바닷속에서 입술만으로 서로를 **알아봐요**. 다른 어류 종은 이런 입술을 지니지 않았으니까요.

커다란 가슴지느러미가 꼭 박쥐 날개처럼 보이지요.

사냥할 때는 등지느러미가 긴 **코**처럼 변형된 부위를 살랑살랑 흔들면서, 그 밑의 작은 **촉수**에서 작은 물고기나 갑각류가 좋아하는 냄새를 퍼뜨려요. 맛있는 냄새에 이끌려 먹잇감이 다가오면 덥석 잡아먹지요. 입은 작지만, 필요에 따라 **크게** 벌릴 수도 있답니다.

복어

학명 : 테트라오돈티다에 (Tetraodontidae)
식성 : 잡식
길이 : 6~130센티미터
서식지 : 열대와 아열대 바다
수명 : 약 10년

복어는 몸이 공처럼 불룩해지면 움직임이 매우 둔해져요. 그래서 **정말 필요할 때만** 몸을 부풀리지요. **가시복**과 달리, 가시 없이 매끈한 복어의 피부는 질기면서도 신축성이 좋아 잘 늘어나요. 또한, 복어의 **입**은 아주 튼튼해요.

복어는 인간에게도 아주 위험한 독을 품고 있어서 세상에서 가장 독성이 강한 동물로 손꼽혀요. 그렇지만 몇몇 지역에서는 별미로 여겨지며 식탁에 오르기도 해요. 요리사 중에서도 숙련된 전문가들만 복어의 독을 올바르게 제거할 수 있답니다.

가시복

가시복은 평상시에는 작고 여려 보여요. 하지만 만약 천적에게 위협을 받으면 어떻게 될까요? **몸을 무려 세 배나 더 크게 부풀린답니다!**

몸이 부풀어 오를 때는 비늘이 바짝 솟으며 5센티미터 길이의 위협적인 가시로 변해요. **가시복을 잡아먹기란 정말 어렵겠죠?**

가시복은 어떻게 이렇게 변신할 수 있을까요? 좁다란 뱃속으로 물과 공기를 흠뻑 마시기 때문이랍니다.

가시복의 입은 단단해서 연체동물, 산호뿐 아니라 단단한 껍데기로 둘러싸인 갑각류까지도 으스러뜨릴 수 있어요.

학명 : 디오돈 히스트릭스 (Diodon hystrix)
식성 : 잡식
길이 : 최대 50센티미터
서식지 : 열대와 아열대 바다
수명 : 약 10년

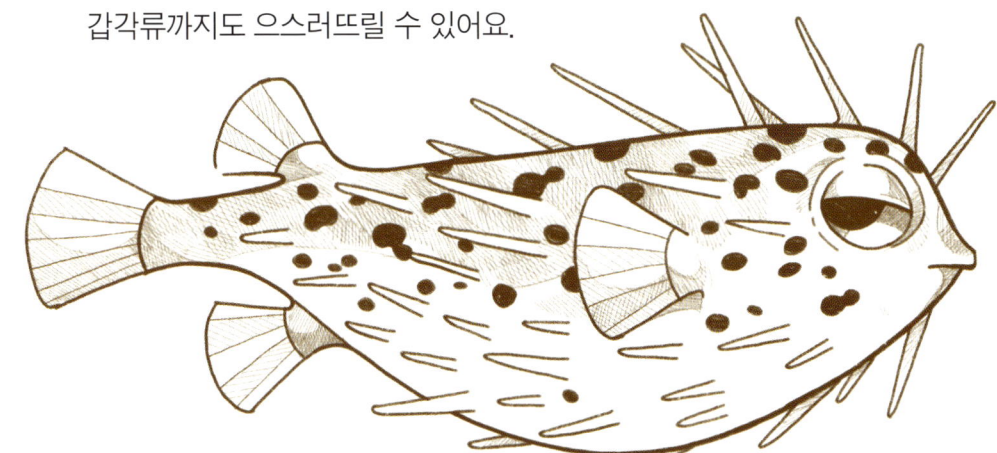

항라사마귀

학명 : 만티스 렐리기오사
(Mantis religiosa)
식성 : 육식
길이 : 암컷 약 7.5센티미터,
　　　수컷 약 6센티미터
서식지 : 풀밭, 삼림 지대
수명 : 약 1년

최면에 빠질 듯 커다란 눈, 기다란 목, 흔들리지 않는 꼿꼿한 자세로 서 있는 이 사마귀의 이름은 항라사마귀예요.

앞다리를 구부린 모습이 마치 기도하는 것처럼 보여 차분한 느낌을 자아내지요.

그러나 이건 속임수예요!

치명적인 다리!

사실은 몰래 숨어 먹잇감을 노리다가 **무술**을 하듯 먹잇감을 마구 때려잡는 흉포한 포식자예요. 긴 다리를 **무시무시한 무기**처럼 휘두르지요.

항라사마귀는 영리하게 자기 자신을 지켜요. 위협적인 상대에게 날개를 비벼 뱀처럼 쉭쉭 소리를 내면서 겁을 준답니다!

암컷 항라사마귀는 짝짓기가 끝나고 **짝을 먹어 치우는** 습성을 지닌 것으로 잘 알려져 있어요. **섬뜩한** 이 행동은 알을 낳기 전에 미리 단백질을 모아 두기 위한 거예요. 그래야 건강하고 튼튼한 알을 낳을 수 있거든요.

항라사마귀의 또 다른 특징 중 하나는 목이 굉장히 유연하다는 거예요. 머리를 180도로 돌려 뒤까지 돌아볼 수도 있답니다.

사마귀 공격 댄스!

사탄잎꼬리도마뱀붙이

학명 : 우로플라투스 판타스티쿠스
(Uroplatus phantasticus)
식성 : 육식
길이 : 약 15센티미터
무게 : 약 9그램
서식지 : 마다가스카르 열대 숲
수명 : 약 9년

사탄잎꼬리도마뱀붙이는 무시무시한 이름과 달리 순해요. 쉽게 볼 수도 없고요. **마다가스카르**에서만 살거든요. 이 자그마한 친구는 잎사귀처럼 생긴 **꼬리**와 녹갈색 피부 덕분에 수풀 사이로 꼭꼭 잘 숨는답니다.

커다란 눈, 머리에 **뿔**처럼 튀어나온 혹 때문에 **악마**같이 보일 뿐이에요.

위협 받으면, 입을 크게 벌리고 발을 들어 올리며 천적을 향해 크게 쉭쉭 소리를 내요.

아니면 꼬리를 뚝 잘라 내고 도망쳐 천적을 당황하게 하지요.

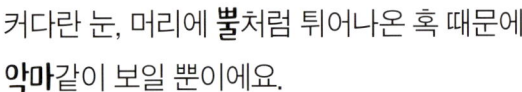

해골박각시나방

야행성 나방인 해골박각시나방은 박각시나방에 속해요. 영어로는 '스핑크스 나방'이라 불리는데, 고대 이집트와 관련은 없고, 등에 **해골처럼 보이는 무늬** 때문에 그렇게 불리지요. 인간에게 위험한 나방은 아니지만, 해골 무늬 탓에 옛날 사람들에게는 불운을 가져오는 나방이라고 오해를 받았답니다.

학명 : 아케론티아 아트로포스 (Acherontia atropos)
식성 : 꽃꿀과 벌꿀
길이 : 약 13센티미터
무게 : 약 1.5그램
서식지 : 농지
수명 : 약 1.5개월

해골 무늬

해골박각시나방은 '상인두'라는 윗입술 위쪽 기관으로 **소리**를 낼 수 있는 유일한 나방이에요. 위협을 받으면, 입으로 공기를 들이쉬고 내뱉으며 **날카로운** 소리를 내지요. 또, 위급할 때 배에 난 샘털에서 **고약한 냄새**를 풍길 수도 있어요.

로지메이플나방

로지메이플나방은 일부 **야행성 나방**의 특징인, 화려한 색을 지니고 있어요. 로지메이플나방이 좋아하는 식물의 잎사귀를 따라 **노란색과 분홍색**을 띠고 있어 마치 가녀린 봄꽃처럼 보이지요. 두꺼운 **털** 덕분에 목화송이처럼 보이기도 해요.

수컷

암컷

더듬이만 봐도 암수를 구별할 수 있어요. 수컷은 크고 솜털 같은 더듬이를 지니고 있고, 암컷은 더 가느다란 더듬이를 지니고 있답니다.

짝을 찾는 암컷이 공기 중에 **페로몬**이라는 분비 물질을 퍼뜨리면, 수컷이 더듬이로 페로몬을 알아차린답니다.

학명 : 드리오캄파 루비쿤다
         (Dryocampa rubicunda)
식성 : 꽃꿀
날개 길이 : 3~5.5센티미터
몸 길이 : 3~5.5센티미터
서식지 : 온대 숲
수명 : 약 9개월

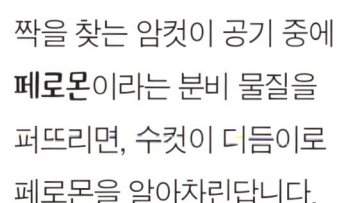

애벌레

마타마타거북

마타마타거북은 **거북이**처럼 등딱지를 가지고 있지만, 목이 정말 길어서 오히려 **뱀**에 더 가깝게 보여요.

이 거북은 물웅덩이 바닥에 숨어 완벽히 **위장**한 채, 헤엄쳐 지나가는 물고기를 기다려요. 그러다가 물고기가 보이면, 번개처럼 빠르게 커다란 **입**으로 빨아들인답니다!

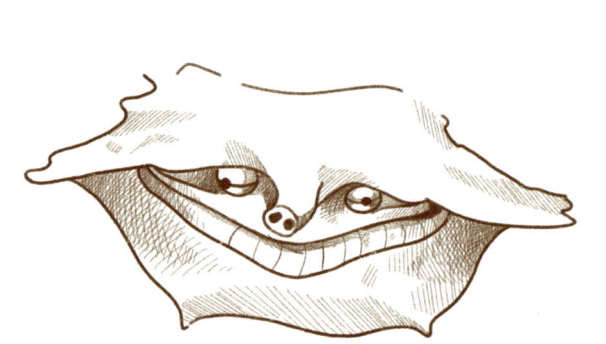

- **학명** : 켈루스 핌브리아타 (Chelus fimbriata)
- **식성** : 육식
- **길이** : 약 45센티미터
- **무게** : 약 15킬로그램
- **서식지** : 습한 환경
- **수명** : 약 35년

생김새는 **뒤죽박죽**이에요. **피라미드**를 여러 개 세운 듯한 등딱지, 커다란 머리, 그리고 물결에 살랑이는 돌기가 돋아난 주름진 목 때문에 꼭 **해조류**에 덮인 바위처럼 보인답니다.

코끝이 잠수할 때 쓰는 스노클처럼 길게 뻗어서, 물웅덩이나 늪 바닥에서 오래도록 시간을 보내며 숨 쉴 수 있어요.

호아친

우아한 모습의 호아친에게는 **비밀**이 하나 있어요. 바로 날개에 달린 **발톱**이지요! 이 발톱은 새와 **공룡** 사이의 밀접한 관계를 보여 주는 증거일지도 몰라요. 특이하게도, 이 발톱은 호아친이 자라면 없어진답니다.

호아친은 '**스컹크 새**'라는 별명이 있어요. 위에 잎사귀 속 섬유소를 분해하는 박테리아가 있어 최대 45시간 동안 잎을 발효시키거든요. 만약 천적에게 위협 받으면 트림하며 고약한 냄새를 풍겨 천적을 쫓아요.

호아친은 **둥지**를 **강** 근처 나무 꼭대기에 지어요. 새끼는 천적을 만나면, 도망치려고 나무 아래 물로 뛰어들어요. 위험한 순간이 지나면, 날개에 난 작은 **발톱**으로 나무 줄기를 **타고 올라** 둥지로 돌아가지요. 자라면서 나는 법을 배운 후, 날개의 발톱은 더 이상 필요하지 않아 자연스레 없어져요.

학명 : 오피스토코무스 호아진 (Opisthocomus hoazin)
식성 : 초식
길이 : 약 60센티미터
무게 : 700~900그램
서식지 : 남미 우림
수명 : 약 30년

글 크리스티나 반피

밀라노 대학교에서 자연 과학을 전공했습니다. 다양한 학교에서 과학을 가르치며 20년 이상 과학적 소통과 놀이를 통한 교육 활동을 해 왔습니다. 이러한 경험을 바탕으로 과학 및 교육 분야에서 편집 경험을 쌓았고, 특히 아동 및 청소년을 위한 다양한 책을 쓰고 있습니다.

그림 로셀라 트리온페티

1984년에 태어나, 어린 시절 서점과 도서관에서 동물 그림책을 즐겨 보며 일찍이 그림의 세계에 관심을 가졌습니다. 대학교에서 응용 예술 학위를 받고, 다양한 일러스트레이션과 그래픽 작업을 해 왔습니다. 지금은 어린이 책의 일러스트레이터 겸, 앱과 게임의 디자이너로 일하고 있습니다.

옮김 김시내

홍익대학교 신소재공학과를 졸업하고 기업에서 연구원으로 일했습니다. 현재는 바른번역 글밥아카데미를 수료한 뒤 번역가로 활동하고 있습니다. 옮긴 책으로 《말하는 나무들》, 《뉴로제너레이션》, 《롱패스》 등이 있습니다.

은근히 이상하고 놀라운 동물

초판 1쇄 발행 2024년 12월 30일 | **글** 크리스티나 반피 | **그림** 로셀라 트리온페티 | **옮긴이** 김시내
펴낸곳 보랏빛소 | **펴낸이** 김철원 | **책임편집** 윤선주 | **디자인** 진선미 | **마케팅·홍보** 이운섭
출판신고 2014년 11월 26일 제2015-000327호 | 주소 서울시 마포구 양화로1길 29 2층
대표전화·팩시밀리 070-8668-8802 (F)02-323-8803 | **이메일** boracow8800@gmail.com
ISBN 979-11-94356-26-4(74490)

WSKids
WHITE STAR KIDS

White Star Kids® is a registered trademark property of White Star s.r.l.
ⓒ 2019 White Star s.r.l.
Piazzale Luigi Cadorna, 6 20123 Milan, Italy
www.whitestar.it

All rights reserved. No part of this book may be reproduced, transmitted,
or stored in an information retrieval system in any form or by any means, graphic, electronic,
or mechanical, including photocopying, taping, and recording,
without prior written permission from the publisher.

KOREAN language edition ⓒ 2024 by Borabit So Publishing Co.
KOREAN language edition arranged with White Star s.r.l. through POP Agency, Korea.

- 이 책의 한국어판 저작권은 팝 에이전시(POP AGENCY)를 통한
  저작권사와의 독점 계약으로 보랏빛소가 소유합니다.
- 신 저작권법에 의하여 한국 내에서 보호를 받는 저작물이므로
  무단전재와 무단복제를 금합니다.

KC 어린이제품 안전특별법에 의한 제품 표시사항
제조자명: 보랏빛소 | 제조국명: 대한민국
제조년월: 2024년 12월 | 사용연령: 4세 이상